Esculpidos en piedra

por Lisa Trumbauer

Consultant: Paul R. Baker, Professor Emeritus of History,
New York University

Libros
sombrilla
amarilla
para lectores principiantes

Libros sombrilla amarilla are published by Red Brick Learning
7825 Telegraph Road, Bloomington, Minnesota 55438
http://www.redbricklearning.com

Editorial Director: Mary Lindeen
Senior Editor: Hollie J. Endres
Senior Designer: Gene Bentdahl
Photo Researcher: Signature Design
Developer: Raindrop Publishing
Consultant: Paul R. Baker, Professor Emeritus of History, New York University
Conversion Assistants: Katy Kudela, Mary Bode

Library of Congress Cataloging-in-Publication Data
Trumbauer, Lisa, 1963-
  Esculpidos en piedra / by Lisa Trumbauer
     p. cm.
  ISBN 13: 978-0-7368-7352-9 (hardcover)
  ISBN 10: 0-7368-7352-X (hardcover)
  ISBN 13: 978-0-7368-7426-7 (softcover pbk.)
  ISBN 10: 0-7368-7426-7 (softcover pbk.)
  1. Monuments—United States—Juvenile literature. 2. Presidents—Monuments—United States—
Juvenile literature. I. Title. II. Series.
  E159.T799 2005
  731'.76'0973—dc22
                                          2005015660

Adapted Translation: Gloria Ramos
Spanish Language Consultant: Anita Constantino

Photo Credits:
Cover: Corbis; Title Page: Michael T. Sedam/Corbis; Page 2: James Randklev/Corbis; Page
3: Corbis; Page 4: Richard Cummins/Corbis; Page 5: Corel; Page 6: Mark E. Gibson/Corbis;
Page 7: Joseph Sohm/Corbis; Page 8: Kevin Fleming/Corbis; Pages 9 and 10: Corel; Page 11:
Catherine Karnow/Corbis; Page 12: Corbis; Page 13: AP/Wide World Photos; Page 14: Tom
Bean/Corbis; Page 15: Corel

1 2 3 4 5 6 11 10 09 08 07 06

Contenido

La historia de la Tierra

La historia de la Tierra está esculpida en piedra. Las montañas altas muestran cómo la Tierra se formó y cómo ha cambiado.

2

Los lados de este cañón fueron esculpidos en piedra. Muestran la historia del río y del terreno. ¿Puedes ver las capas de piedra? Muestran cómo se esculpió el Gran Cañón durante millones de años por el Río Colorado.

La historia de América

También se puede encontrar esculpida en piedra la historia de una comunidad. Estas casas, en el estado de Nuevo México, se esculpieron en piedra, en el lado de una colina. Hace tiempo que los indios, o indígenas de América vivieron aquí.

Los indígenas Anasazi esculpieron sus casas en piedra, también. Estos hogares de piedra representan la historia de esta comunidad antigua. Los lados de esta colina protegían las casas contra el tiempo.

La Roca de Plymouth se encuentra en
el estado de Massachusetts. La Roca
nos ayuda a recordar la historia de los
peregrinos, quienes fueron un grupo de
los primeros colonizadores ingleses que
llegaron a Norte América.

El Álamo se encuentra en San Antonio, Texas. Una famosa batalla entre México y Texas tuvo lugar allí en 1836. Davy Crockett luchó y murió en esta batalla.

Honrando a los presidentes

En Washington, D.C., hay muchas
estructuras de piedra. Nos ayudan a
recordar la historia de los Estados Unidos
y de la gente que ayudó a fundarla.

Esta estructura alta es el **Monumento** a Washington. Honra al primer presidente de los Estados Unidos, George Washington. Está hecha de **mármol**, y mide más de 550 pies (168 metros) de altura.

Thomas Jefferson fue el tercer presidente de los Estados Unidos. Él ayudó a escribir la Declaración de Independencia. Este edificio de mármol lo honra a él.

Abraham Lincoln fue el presidente durante la Guerra Civil. Esta estatua de mármol es el Monumento a Lincoln. Mide casi 20 pies (6.1 metros) de altura.

Los monumentos en las montañas

Las caras de Washington, Jefferson, y Lincoln también se encuentran en una montaña. Junto con el Presidente Theodore Rooselvelt, sus caras se esculpieron en piedra, en el Monte Rushmore. Este monumento se encuentra en el estado de Dakota del Sur.

Las cabezas en el Monte Rushmore
están hechas de **granito** y miden
60 pies (18.3 metros) de altura. Los
trabajadores empezaron a esculpir este
monumento en 1927. Lo terminaron en
1942, 15 años después de empezarlo.

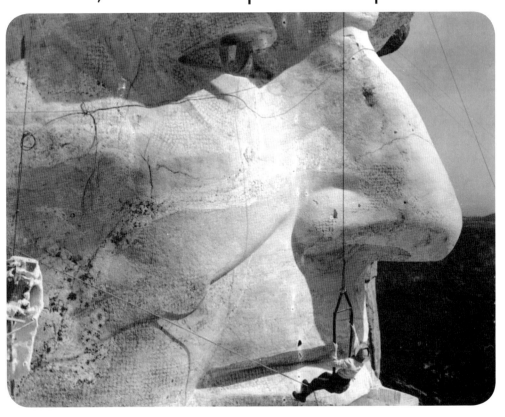

Hay otra figura histórica que se está
esculpiendo en piedra cerca del Monte
Rushmore. Crazy Horse era un jefe
de los indios Sioux. Él luchó por los
derechos de los indígenas americanos.

Los trabajadores están tallando la imágen de Crazy Horse en el lado de una montaña. El monumento a Crazy Horse, como los otros en este libro, es un símbolo de los Estados Unidos que se ha esculpido en piedra.

Glosario

derechos cosas que la gente debe poder hacer, como decidir a dónde van a vivir o por quién votar

granito una roca dura que se usa en la construcción

honrar mostrar agradecimiento o respeto a alguien

mármol una roca que se puede pulir, y que se usa para hacer edificios y estatuas

monumento algo que se construye para recordar un evento o una persona

Índice

Word Count: 471
Guided Reading Level: K